ISBN 978-0-428-59241-7
PIBN 11247024

LA FLOR DEL UMBRÍO.

DRAMA EN UN ACTO Y EN VERSO, ORIGINAL

DE

ANGEL RODRIGUEZ CHAVES.

ESTRENADO CON APLAUSO EN MADRID EN EL TEATRO MARTIN LA NOCHE DEL 9 DE OCTUBRE DE 1871.

MADRID:
IMPRENTA Á CARGO DE J. J. DE LAS HERAS,
calle de San Gregorio, núm. 5.
1873.

PERSONAJES.	ACTORES.
ISABEL.	Sra. Carceller.
CONSTANZA.	N. N.
MIGUEL.	Sr. Yañez.
D. JUAN.	Villegas.

La accion en Madrid, en Abril de 1613.

A DON JOSE SORIANO DE CASTRO.

Si de pagar tratara la cariñosa deuda què con el aplaudido autor de TRASPLANTAR UNA FLOR tengo contraida tiempo hà, fuera correr el riesgo de ver antes terminada mi vida que cumplido mi deseo.

Al escribir tu nombre, para mi tan querido en esta página, pretendo solo, no ya avalorar con èl este pobre drama sino sencillamente consagrar un recuerdo à la imperecedera y leal amistad que desde hace tantos años une tu corazon al de

EL AUTOR.

Y mucho mas que se calla tu mejor amigo

Angel

ACTO ÚNICO.

Habitacion humildemente alhajada al gusto del siglo XVII.—Puertas al foro y laterales; á la derecha ventana con flores y enredaderas; mesa con libros y papeles; pendiente de un clavo la capa, el sombrero y la espada de Miguel.

ESCENA PRIMERA.

ISABEL.—CONSTANZA *(Terminando de coser).*

CONSTANZA. Ya dí fin á la tarea.
ISABEL. Y yo.
CONSTANZA. ¿Acabaste la tuya,
Isabel?
ISABEL. Sí, mi Constanza.
CONSTANZA. ¡Mas tienes sangre!... *(Tomándola una mano.)*
ISABEL. No es mucha.
CONSTANZA. ¡Malhaya, amen, nuestra suerte,
y malhayan las agujas,
que tras robarte el reposo
tus rosados dedos punzan.
ISABEL. Aunque harto amable, Constanza,
te voy á tachar de injusta,
pues que mirando mis manos
das al olvido las tuyas.
CONSTANZA. Eso prueba si te quiero.
ISABEL. ¿Y lo he dudado yo nunca?
CONSTANZA. Por eso estoy enojada.
ISABEL. ¿Tengo de tu enojo culpa?
CONSTANZA. La tienes.
ISABEL. ¿Cuál fue mi yerro?
CONSTANZA. Callarme tus desventuras.
ISABEL. ¿Qué penas mias no sabes?

CONSTANZA. Qué, Isabel, ¿te se figura
que no sé que duermes poco,
y cuando duermes murmuras;
que suspiras á menudo,
y que algunas veces nubla
el cristal de tus ojuelos
una lágrima importuna?
Las flores de esa ventana,
llenas ayer de frescura,
se inclinan sobre sus hojas
secas, quemadas y mustias.
Pues ¿sabes por qué se mueren
tus flores? Por que ya nunca
ni te curas de regarlas
ni de abrigarlas te curas.
ISABEL. Cállate por Dios, Constanza.
CONSTANZA. ¡Callar cuando sufres!.. ¡Nunca!
ISABEL. Si no sufro.
CONSTANZA. No lo creo.
ISABEL. Tu obstinacion me disgusta.
CONSTANZA. A mí la tuya me ofende.
No insisto más.
ISABEL. Ven, escucha.
CONSTANZA. Por fin á hablar te decides.
ISABEL. ¿No ves que el rubor me turba?
CONSTANZA. Mas...
ISABEL. Jamás me he preguntado
lo que tú saber procuras.
Ha tiempo que mis pupilas
dulces lágrimas innundan;
ha tiempo que de mi pecho
las pulsaciones confusas,
de dia turban mi calma,
de noche mi sueño turban...
CONSTANZA. ¿Y no adivinas la causa,
Isabel, de tal tortura?
ISABEL. Quisiera no adivinarla...
mas ¡ay! que no se me oculta.
Un fantasma me persigue,
vago un recuerdo me abruma,
y aunque desterrarlo quiero
tiene mi alma ya por suya.
CONSTANZA. ¿Y es ese fantasma...?
ISABEL. Un hombre.
CONSTANZA. ¿Hidalgo?
ISABEL. Y de noble cuna,

que harto lo dice su porte
y lo dice su apostura.

CONSTANZA. ¿Y dónde le has conocido?

ISABEL. Envuelto en la sombra oscura
que de la iglesia en la nave
forman las dobles columnas,
le ví un dia y otro dia
fija en mi vista la suya.
Despues siguióme una tarde,
tarde que no olvido nunca,
pues desde esa tarde empieza
mi dicha y mi desventura;
sembró de flores mis rejas,
me dijo al paso ternuras,
yo me reí de sus flores
y oí sus frases con burlas.
Mas ¡ay! que jugar con fuego
siempre, Constanza, es locura;
al fin se abrieron mis rejas
para templar sus angustias.
Y una noche y otra noche,
al resplandor de la luna,
mientras que mi padre escribe
y tú del sueño disfrutas,
recatada y temerosa,
que el miedo la sombra abulta,
dichas me da esa ventana
hasta que el alba se anuncia.

CONSTANZA. ¿Amas y sufre tu pecho?

ISABEL. Sí, que el corazon me augura
penas no más y dolores.

CONSTANZA. ¿Hay penas amando?

ISABEL. Muchas.

CONSTANZA. Cuna es amor de esperanzas.
(*Con dolorosa ironía.*)

ISABEL. Tambien es de dichas tumba.
—Pero, Constanza, tú sufres;
tambien algo tú me ocultas.
Tampoco tú duermes mucho,
y cuando duermes murmuras;
tambien enturbia tus ojos
una lágrima importuna,
y si no cuido las flores
que en mi ventana se agrupan,
ni tú del sol las preservas
ni de regarlas te curas.

ISABEL. ¡Oh! Calla, Constanza, calla...
con tus temores me asustas!
¿No es cuna amor de esperanzas?

CONSTANZA. También es de dichas tumba!

ESCENA II.

DICHAS.—MIGUEL, *saliendo de su habitacion.*

MIGUEL. (¡Oh! No me engañé. ¡Gran Dios!)
Isabel...

ISABEL. ¡Ah! Padre mio...

CONSTANZA. (Si hubiera escuchado!...) Tio!

MIGUEL. Que el cielo os guarde á las dos.
Ven, Isabel, á mis brazos.

ISABEL. ¡Teneis la faz demudada!

CONSTANZA. ¿Qué os causa enojos?

MIGUEL. (¡Oh!) Nada.
(Abrazándolas.)
¿Quién sufre en tan dulces lazos?
Si falta quizá de calma
el alma mia sufriera,
al verme de esta manera
volviera la paz al alma.

CONSTANZA. ¡Oh!

ISABEL. Sí, padre!

MIGUEL. ¡Isabel mia,
en tí cifro mi ventura!
Sin tí, ¿cómo su amargura
tu padre soportaria?
De la desventura blanco,
por tí en mi valor no cejo,
y eso que ya me ves viejo,
pobre, dolorido y manco.

CONSTANZA. Sufris mucho.

MIGUEL. ¿Cómo no?

ISABEL. Desde anoche estais turbado.

MIGUEL. Lo que anoche me ha pasado
quisiera ignorarlo yo.

ISABEL. ¡Padre!

CONSTANZA. Cobrad esperanza.

ISABEL. ¿Vuestro dolor me callais?
¡Ay, padre! ya no me amais...
Ya no nos quiere Constanza.

MIGUEL. ¿Qué no te quiero?... ¡Cruel!
Si en medio de mi amargura,
de mi pasada ventura
eres la sombra, Isabel!
Recuerdo, por mi solaz,
sois de mis años mejores...
Tú recuerdas mis amores *(A Isab.)*
y tú mis horas de paz. *(A Const.)*

ISABEL. Mas vuestra alma el dolor llena.

CONSTANZA. En el nombre de tu madre
ruega, Isabel, á tu padre
que no te oculte su pena.

MIGUEL. ¡Por piedad, Constanza!

ISABEL. ¡Oh!
¿Cómo he de rogar por él,
cuando ese nombre...

MIGUEL. ¡Isabel!...

ISABEL. Jamás le he sabido yo?

MIGUEL. (¿En qué, Señor, te ofendí
que así tu rigor me alcanza?...)
¿Lloras, mi bien?

ISABEL. ¡Ay!

MIGUEL. Constanza,
sal un instante de aquí.

CONSTANZA. (¡Cuánto sufren!) *(Váse.)*

ESCENA III.

ISABEL.—MIGUEL.

MIGUEL. Isabel...
acércate; hablarte quiero,
más que cual padre severo,
como tu amigo más fiel.
ISABEL. Perdon...
MIGUEL. ¿Y de qué, mi vida?
ISABEL. Sufrir os estoy haciendo.
MIGUEL. Si ya, Isabel, no comprendo
sin sinsabores la vida!
ISABEL. ¡Oh! Yo tambien siento enojos
viéndoos sufrir y callar.
¿Por qué quererme ocultar
lo que dicen vuestros ojos?
MIGUEL. Pobre, hidalgo, sin fortuna
y mal herido soldado,
en tí, Isabel, he cifrado
mis dichas una por una.
Tú de mi primer pasion
simbolizas una historia
que guardada en la memoria
aún destroza el corazon.
Por tí con ciego interés
busqué fortuna anhelada,
cuando mozo con la espada,
y con la pluma despues.
Por tí he vivido sufriendo,
por tí padecí cautivo,
solo por tí, Isabel, vivo,
aunque de dolor muriendo;
y por premio á tanto afan
me niega el hado cruel
para mi pobre Isabel
hasta un pedazo de pan!
¿No he de sufrir, alma mia,
si siempre te estoy mirando,
por la noche trabajando,
trabajando por el dia?
¡Oh! Si al fin me han de faltar
al verte, Isabel, sufrir,
corazon con que sentir
y lágrimas que llorar!
ISABEL. No; no es eso, padre mio,

lo que de dolor me llena;
cual vos sufrí tanta pena
que ya ante el dolor sonrio.
Mas desde anoche, angustiada
miro vuestro bien deshecho.

MIGUEL. Anoche se abrió en mi pecho
una herida mal cerrada.
Anoche el hado traidor
me enseñó para mi afrenta
que aún hay quien pedirme cuenta
puede de dicha y honor.
Y para mayor tortura
es hoy mi dolor completo,
que he descubierto el secreto,
Isabel, de tu amargura.

ISABEL. ¡Padre, tened compasion!

MIGUEL. La causa de tu pesar
es...

ISABEL. ¡Ay!

MIGUEL. Que empiezas á amar.
¿No tengo, Isabel, razon?...
¡Callas!...

ISABEL. ¿He de hablar? Puen bien.
¿No habeis mirado esas flores
que esparcen gratos olores
de las brisas al vaiven?
Pues están entre esas rosas,
de dulce color pintadas,
las más bellas encerradas
en la cárcel de unas hojas,
que aunque hoy las mireis tender
hácia el cielo sus primores,
todas, todas esas flores
eran capullos ayer.
¿Y sabeis por qué dejaron
su cárcel con embeleso?...
Porque el sol les mandó un beso,
y ante el sol se desplegaron;
que para poder pagar
de aquel beso el tierno arruyo,
rompieron, padre, el capullo
y se abrieron para amar.
Capullo en el tierno albor
de mi vida me he mirado,
mas hoy un sol me ha besado
y voy á tornarme en flor.

MIGUEL. Hija, ¿y no sabes que hay flores
condenadas á vivir
en la sombra y á morir
sin desplegar sus colores?

ISABEL. ¡Ay, padre!... ¡Me haceis temblar!

MIGUEL. Eres la flor maldecida,
privada de sol, de vida,
y hasta de poder amar.

ISABEL. ¡Padre de mi corazon!

MIGUEL. Ahora, á vivir olvidando.
(Descolgando la capa y el sombrero.)

ISABEL. ¿Y cómo vivir no amando?

MIGUEL. ¡Ingrata!

ISABEL. ¡Perdon, padre!

MIGUEL. Hondo y rudo es nuestro afan...
Pero no nos apuremos,
que si dichas no tenemos...
(Con amarga ironía.)
tampoco tenemos pan!

ISABEL. ¿Y así es forzoso vivir?

MIGUEL. Sí, hija mia... tú, á coser;
yo, de dia á pretender,
y por la noche á escribir.
¡Adios!... Y nunca, bien mio,
olvides soñando amores
que jamás se abren las flores
que nacen en el umbrío.

ESCENA IV.

ISABEL.

¿Qué es lo que escuché, Dios santo?
¿Qué horrible ilusion es esta?
¿Por qué he de mirarme siempre
entre las sombras envuelta?
Las palabras de mi padre
harto claro me revelan
que hay una historia en mi vida
de tanta amargura llena,
que robándome la dicha
de mi amor á huir me fuerza.
¡Don Juan, don Juan!... el destino
en separarnos se empeña...
¿Mas cómo á su amor renuncio,
cuando es su amor mi existencia?

Pero es forzoso... ¡Dios mio!
¡Dios mio, que no le vea!
que si una vez más le miro
tal vez el amor me venza.

ESCENA V.

ISABEL.—D. JUAN (*Por la puerta del fondo*).

D. JUAN. ¡Isabel!
ISABEL. ¡Don Juan!... ¡Dios santo!
¿Vos aquí?
D. JUAN. Sí, que mi estrella
me trajo á gozar las dichas
con que amante el alma sueña.
ISABEL. Idos, don Juan.
D. JUAN. ¡Que me vaya!...
A fe que es mi suerte negra,
pues donde soñaba amores
solo olvido el alma encuentra.
ISABEL. ¡Olvido!... ¿Y pensais, don Juan,
que olvidar vuestro amor pueda?
Mas ¡ay! que nuestras venturas
hoy se las lleva en pavesas
el huracan que en mis dichas
constantemente se estrella.
D. JUAN. Isabel, esas palabras
de tal espanto me llenan,
que por temor de culparos
ni comprenderlas quisiera.
ISABEL. ¡Culparme á mí!... No, don Juan,
culpad á mi suerte adversa,
que trueca en quebranto y duelo
mis esperanzas risueñas.
D. JUAN. ¿Luego me amais?
ISABEL. ¡Que si os amo!
Qué, don Juan, ¿no os lo revelan
mis mal ahogados suspiros,
mis lágrimas indiscretas?
D. JUAN. Entonces...
ISABEL. Nuestros amores
son un sueño, una quimera;
soy flor que nació en la sombra,
aun antes de abrirse seca.
D. JUAN. ¡Isabel!
ISABEL. Idos, don Juan;

dejadme en la sombra envuelta...
renunciad á mi cariño.

D. JUAN. ¿Quereis que la vida pierda?

ISABEL. ¡Don Juan! ¡don Juan!!...

D. JUAN. Desde el dia
en que os ví por vez primera,
vuestra imágen en el alma
llevo para siempre impresa.
En vos se cifra mi dicha,
vos sois mi esperanza entera...
¿qué mucho, pues, que si os pierdo
pierda tambien la existencia?

ISABEL. ¡Callad! ¡callad!... os lo ruego.

D. JUAN. ¡Callar!... ¡Imposible fuera!
Si en algo teneis mi vida,
desvaneced mis sospechas!

ISABEL. Tambien como vos, don Juan,
desvanecerlas quisiera,
pero por do quier que miro
tan solo encuentro tinieblas.
En vuestro amor se cifraban
mis esperanzas risueñas,
y sin embargo, mi padre
que huya del amor me ordena.

D. JUAN. ¡Vuestro padre!...

ISABEL. ¿Conoceisle?

D. JUAN. Anoche, por vez primera,
de hablarle me dió la suerte
la ocasion tal vez funesta.

ISABEL. ¿Anoche?

D. JUAN. Si, y desde anoche
á tal las dudas me fuerzan,
que hoy, faltando á mi hidalguia,
he traspasado esa puerta.

ISABEL. Sacadme, don Juan, os pido
de esta incertidumbre fiera.
¡Hablad, que la duda mata!

D. JUAN. Estadme un instante atenta.
—Cruzaba anoche al dejaros
del Niño por la calleja,
cuando me encontré cercado
por una inmensa caterva
de esos valientes de oficio
que por la córte navegan,
poniendo en riesgo sus vidas
por buscar la hacienda agena.

Reñí, como riñe siempre
quien solo morir espera;
mas ya me hallaba rendido,
y sucumbir era fuerza,
cuando de pronto en mi ayuda
un hombre hasta mí se acerca.
Desnuda el cortante acero,
que rayo en sus manos era,
hace broquel de la capa,
contra un pilar se recuesta
y arremete con tal brio,
que al ver su mucha firmeza
le pareció á la canalla
corta para huir la tierra.
A tal favor obligado,
tendí á aquel hombre la diestra,
que de la luna á los rayos
ví que casi anciano era.
Cortés le dige mi nombre,
mas con no poca sorpresa,
ví que temblaba su mano
al escucharle, y—«Quisiera,
me dijo, que si os obliga
tal favor, tengáis en cuenta
que solamente el olvido
espero por recompensa.
Jamás en saber mi nombre
pongais empeño, que media
de un abismo entre nosotros
la profundidad inmensa.»
Y al decir estas palabras,
cual sombra que el viento lleva,
volvió pausado á perderse
de la calle en las revueltas.
Mas nó sin que antes mi vista,
clavada en la sombra densa,
viera al fin que traspasaba
los umbrales de esta puerta.

ISABEL. Vos lo habeis dicho, don Juan;
mi padre, mi padre era.
Ya lo veis, dadme al olvido;
dejadme en la sombra envuelta.

D. JUAN. ¡Vos rechazais mis amores!...

ISABEL. Vais á hacer al fin que muera.
Ya que de vos me separen
no dudeis de mi firmeza,

D. JUAN. Entonces, si vos me amais,
dejad que esperanza tenga.
ISABEL. ¡Si el corazon se me rasga
solo anhelando tenerla!
D. JUAN. Pues bien. Si la fe nos sobra
y esperanza el pecho alienta,
por nuestro amor lucharemos
y habrá victoria completa.
ISABEL. Vuestra fe me da la vida!
D. JUAN. Vos me prestais fortaleza...
que con locura os adoro!
ISABEL. ¡Y yo con el alma entera!

ESCENA VI.

DICHOS.—CONSTANZA.

CONSTANZA. ¡Cielos! ¿Qué miro?
ISABEL. ¡Constanza!
CONSTANZA. ¿Es este tu amante?
(*Ap. á Isabel. Mucho fuego y rapidez.*)
ISABEL. Sí.
CONSTANZA. ¡Ay, Isabel!... ¡Ay de mí!...
Tú has matado mi esperanza!
ISABEL. ¿Qué dices?
CONSTANZA. Que mi ilusion
cifré en su amoroso empeño,
y hoy que despierto del sueño
tú rompes mi corazon.
ISABEL. ¿Le amas?
CONSTANZA. ¡Con el alma entera!
ISABEL. ¿Qué es esto, cielo divino?
CONSTANZA. Que te has puesto en mi camino,
y mi venganza te espera.
Aquí á un hombre guió tu amor
(*De manera que lo oiga don Jaan.*)
y tu padre va á llegar...
¿qué le vas á contestar
si pregunta por su honor?
D. JUAN. Ved qué decís.
ISABEL. Dios me guarde.
Idos; dejadme, don Juan!
CONSTANZA. ¡Oh! ya es inútil tu afan...
Ya llega tu padre; es tarde.

ISABEL. ¿Y qué hacer?
D. JUAN. (¡Suerte cruel!)
ISABEL. ¡Piedad! ¡piedad, por mi amor!
CONSTANZA. ¡Ay! ¡Si me mata el dolor!

ESCENA VII.

DICHOS. — MIGUEL.

MIGUEL. ¡Gran Dios!... ¡Qué veo!... Isabel,
¿por quién vino ese hombre aquí?
CONSTANZA. ¿Por quién vino?...
ISABEL. ¡Cielo santo!
MIGUEL. ¡Ay! Me lo dice tu llanto.
ISABEL. ¡Oh!
CONSTANZA. Vino... (*Con ira mirando á Isabel.*)
MIGUEL. ¿Por quién?
CONSTANZA. Por mí. (*Con abnegacion.*)
MIGUEL. ¡Por tí!...
CONSTANZA. Sí.
ISABEL. (*Ap. á Const.*) ¡Constanza!
CONSTANZA. ¡Oh!
ISABEL. Yo á tu esperanza dí muerte! (*Id.*)
CONSTANZA. No has sido tú, fué mi suerte... (*Id.*)
no es tuya la culpa, no.
MIGUEL. Hidalgo...
D. JUAN. Os voy á decir
la verdad, y no os aflija;
aquí estoy por vuestra hija.
MIGUEL. ¡Dios santo!
D. JUAN. No sé mentir.
Soy honrado, soy leal,
y estoy de ella enamorado.
MIGUEL. ¡Oh! Si la hubierais amado
no pisarais ese umbral.
ISABEL. ¡Padre!
D. JUAN. ¿Pensais inhumano
que mancharla he pretendido?
No, buen hidalgo, he venido
á demandaros su mano.
MIGUEL. ¡Si ni aun sabeis quién soy yo!...
D. JUAN. ¿Qué me importa, caballero?...
la mano de Isabel quiero;
ved si me la dais ó no.
MIGUEL. ¿Le amas? (*A Isabel.*)
ISABEL. Su amor es mi vida!

MIGUEL. ¿Por qué nació en tí el amor?...
¿No te dige que eras flor
en la oscuridad nacida?
—Idos; dejadla olvidar,
que mal con nobles se aviene
una infeliz que no tiene
ni aun un nombre que llevar!

D. JUAN. Nada me importa ¡por Dios!
su cuna ni su bajeza;
si ella no tiene nobleza
yo la tengo por los dos.

MIGUEL. ¡Oh! (¡Que mi alma así taladre!)
Caballero, por favor...
si, aunque me mate el rubor,
no fue mi esposa su madre.

ISABEL. ¡Ay, padre!

MIGUEL. (*A D. Juan.*) Salid!

D. JUAN. En vano
es que me mandeis salir;
mirad que os vine á pedir
de vuestra Isabel la mano.

MIGUEL. (*Le tiende la mano, agradecido á su nobleza.*)

CONSTANZA. ¡Ah!

ISABEL. ¡Don Juan!

D. JUAN. (*A Miguel.*) ¿Será completa
mi dicha?

MIGUEL. Saber espero
vuestro nombre, caballero.

D. JUAN. ¡Oh! sí. Don Juan de Ezpeleta.

MIGUEL. (*Con dolorosa desesperacion.*)
¡Maldicion! ¡Ay!

ISABEL. ¡Padre mio!

MIGUEL. (¡Oh! ¡sueño, sueño cruel!)
¿Cómo amar, pobre Isabel,
si naciste en el umbrío?
Don Juan, ¿acaso sois...

ISABEL. ¡Oh!

MIGUEL. Quien anoche...?

D. JUAN. Sí, sí; el mismo.

MIGUEL. ¿Pues no os dige que un abismo
existe entre vos y yo?

CONSTANZA. (¡Pobre Isabel!)

MIGUEL. Un momento
á solas os quiero hablar.

ISABEL. ¡Me va el dolor á matar!

MIGUEL. Idos de aqueste aposento. (*A Isab. y Const.*)

SABEL. ¡Padre!
CONSTANZA. Ven, Isabel, sí.
En el llanto hay un consuelo.
ISABEL. ¡Don Juan!
MIGUEL. Salid.
ISABEL. ¡Santo cielo!
¿qué va á suceder aquí? (*Vánse.*)

ESCENA VIII.

MIGUEL. — D. JUAN.

MIGUEL. Ya estamos solos, don Juan,
y aunque os cause admiracion,
ahora aquí á rendirse van
cuentas que ha mucho me están
destrozando el corazon.
Voy á hablaros, caballero,
por el vuestro y mi interés,
y ved que en vos ver espero,
inflexible juez primero,
juez compasivo despues.
D. JUAN. ¿Por qué con crueldad impía
mi amor quereis matar vos?
MIGUEL. Isabel es hija mia,
y os dige ya que existia
un abismo entre los dos.
D. JUAN. Hablad. Volvedme la calma;
¡por su amor, que era mi gloria!
MIGUEL. ¡Ay! Tengamos, don Juan, calma,
y aunque me desgarre el alma
os referiré una historia.
D. JUAN. Hablad presto, que la duda
llevo ya en el corazon.
MIGUEL. La prueba es sobrado ruda.
(¡Cielos, venid en mi ayuda!)
Don Juan, prestadme atencion.
—Del Henares en la orilla
hubo una quinta años há,
que por amena y sencilla,
cuentan que era maravilla
de la vecina Alcalá.
Un ángel allí moraba,
y paz y calma completa
en su recinto gozaba...

Aquel ángel se llamaba
doña Ana de Ezpeleta.
Su único deudo, su hermano
don Gaspar, la encomendó
de una dueña al celo vano,
y á servir al soberano
tranquilo á Flandes partió.
Siempre en su casa encerrada
vivió recatada y bella...
mas ¡ay! la esencia preciada
no puede estar ignorada,
y alguien al fin dió con ella.
Estudiante, bien nacido,
aunque pobre con exceso,
vió á la paloma en su nido
un mancebo, que rendido,
quedó entre sus redes preso.
Doña Ana, al fin, amó un dia,
—vos sabeis lo que es amar—
la dueña nada veia,
el estudiante pedia...
y amando ¿cómo negar?...
Y ella de amores muriendo,
y él de pasion espirando,
fueron sus horas corriendo,
él amoroso pidiendo
y ella amante no negando.

D. JUAN. ¡Abreviad, por vida mia!

Doña Ana, por torpe azar,
dió á luz una niña un dia.

MIGUEL. A tiempo que la escribia
su regreso don Gaspar.

D. JUAN. Entonces el estudiante...

MIGUEL. Quiso demandar su mano;
pero en su suerte inconstante,
no era su nombre bastante
para llegar á su hermano.
Al fin don Gaspar llegó
ardiendo en honrado celo;
su honor manchado miró,
y doña Ana abandonó la tierra
por irse al cielo.

D. JUAN. Y el vil seductor huia
en tanto con torpe afan.

MIGUEL. Sí, que á don Gaspar temia,
por que era padre y queria

vivir por su hija, don Juan.
Por eso, tras de pensar
con más amor que cuidado,
se determinó á marchar
nombre y fortuna á buscar
en la guerra de soldado.
Mas como nadie ha podido
cambiar su sino sañudo,
mucho tiempo trascurrido
volvió al cabo, mal herido,
sin fama, y sin un escudo.
Y aun así, y en lucha impía
con su miseria y su duelo,
en Valladolid vivia
feliz... ¡Quién no lo seria
con tal hija por consuelo!...
Mas ¡ay! que contrario el hado
vino su suerte á turbar.
Al fin le encontró irritado...

D. JUAN. ¡Mi padre!

MIGUEL. Habeis acertado;
vuestro padre don Gaspar.

D. JUAN. ¡Oh! Basta ya, caballero,
que el final de aquesa historia
ser yo quien refiera quiero,
y que no me falte espero
ni indignacion ni memoria.
—Al seductor de su hermana
mi padre halló; al estudiante
á cuya ruindad villana
sin duda no era bastante
el deshonor de doña Ana.
Por eso, vil é inhumano,
cuando cuentas le pidió
don Gaspar, ya casi anciano,
de su morada cercano
cobarde le asesinó...

MIGUEL. No, don Juan; en lucha fiera
le mató; que no á traicion,
y aun con razon os digera
si yo posible creyera
matar y tener razon.

D. JUAN. ¡Oh!...

MIGUEB. ¿Sabeis cómo escuchabá
de don Gaspar las mancillas
el estudiante?... Lloraba,

y humillado se arrastraba
á sus plantas de rodillas.
Mas no creyó el buen anciano
tanta humillacion bastante,
y alzando airado la mano
con ella cruzó inhumano
el rostro del estudiante.
Lo que hubo despues, sobrado
fácil es de adivinar.
se acordó que fue soldado,
y en buena ley, como honrado,
cruzó el pecho á don Gaspar.
Mas os juro por mi honor,
que á meditarlo, despues
le hubiera sido mejor
que trocarse en matador
dejar la vida á sus pies.

D. JUAN. ¿Y sabeis que una promesa
hice, niño todavía,
de don Gaspar en la huesa?

MIGUEL. Adivinarla me pesa.

D. JUAN. Y el alma cumpliría ansía.
Juré su muerte vengar
y lavar su honor y el mio...
quiero al matador matar,
¿dónde le podré encontrar?...
Hablad, que saberlo ansío.

MIGUEL. ¡Qué! ¿Su nombre no sabeis?

D. JUAN. Le sé.

MIGUEL. ¿Y en cólera insana...?

D. JUAN. Quiero que me le mostreis.

MIGUEL. Pues bien; delante teneis
al amante de doña Ana.

D. JUAN. ¡Padre, te voy á vengar!
(Desenvaina la espada. Miguel despues de desnudar la suya la arroja lejos de sí.)
¡Defendeos!... ¡Desdichado!
¿qué haceis?

MIGUEL. La espada arrojar,
que me pudiera acordar
otra vez que fuí soldado.

D. JUAN. ¿No os defendeis?

MIGUEL. Caballero,
ved á vuestros pies mi honor!
Vuestro perdon solo quiero,
por vuestro padre primero...

ESCENA ULTIMA.

DICHOS.—ISABEL.—CONSTANZA.

CONSTANZA. ¡Ay!
ISABEL. Y despues por mi amor.
D. JUAN. ¡Isabel!... Ilusion mia
que adoré con tal empeño,
¿por qué deshacerte impía?
ISABEL. ¡Ay, don Juan! Bien os decia
que era nuestro amor un sueño.
D. JUAN. ¡Oh!
MIGUEL. ¡Por piedad!
ISABEL. (*A D. Juan.*) Desde allí,
nuestros padres, que están viendo
tal duelo y tal frenesí,
á vos lo mismo que á mí
«¡Perdona!» os están diciendo.
MIGUEL. ¡Hija!
CONSTANZA. ¡Isabel!
D. JUAN. ¡Compasion!
MIGUEL. D. Juan.
D. JUAN. ¡Venid á mis brazos!
Isabel tiene razon.
MIGUEL. Hijos... ¡Oh! ¡no!... Corazon,
(*Abraza á Isabel y á don Juan, y al verlos unidos recuerda y los rechaza.*)
¿por qué no te haces pedazos?
ISABEL. Don Juan, ante nuestro amor
hay un abismo profundo...
—Padre, no os cause dolor,
quien es maldecida flor
no se halla bien en el mundo.
MIGUEL. ¡Ay!
ISABEL. Su amor mi gloria era,
mi alegría, mi contento...
era, en fin, mi vida entera,
sin él nada el alma espera...
¡mañana voy á un convento!
MIG. y CONST. ¡Oh!
D. JUAN. Mas...
ISABEL. Dejadme acabar.
Constanza... (*Ap. á Const. y con intencion.*)
CONSTANZA. ¡Calla, Isabel!
ISABEL. ¡Hadle feliz!

se deshicieron, bien mio...
¿Lloras?... Sí, bien es que llores;
solo llanto hay en las flores
que nacen en el umbrío.

(Desde este momento, Isabel y D. Juan quedan en segundo término; ella deshecha en llanto, él contemplándola sin atreverse á partir, hasta que en el instante de decir Miguel los últimos versos del drama, hace D. Juan un esfuerzo y se le vé salir por la puerta del fondo, mientras Isabel cae desplomada en un silial.—Cuadro.)

CONSTANZA. ¡Oh! Ya, aunque el decirlo aflija,
(A Miguel, señalando á Isabel.)
nada os queda en vuestro empeño.

MIGUEL. ¿Nada?... Tu pena es prolija:
en tí me queda otra hija...
y ademas me queda un sueño.

CONSTANZA. ¿Soñais?

MIGUEL. ¿Cómo nó soñar?
Sin sueños la vida abruma;
así, aunque me ves soñar,
sueño que podré alcanzar
nombre inmortal con mi pluma.
En mis noches más crueles

airado la pluma vibro,
vertiendo en estos papeles
de mi corazon las hieles,
que al fin formarán un libro.
Y sueño tanto, que creo
que mayor admiracion
causará que yo deseo...
¡Soñando pasar le veo
de una á otra generacion!...
¡Ay! Si esto sucede un dia,
no es fácil que el vulgo note
cuando con mi libro ria,
que *Cervantes* escribia
con lágrimas su QUIJOTE.

(Baja el telon.)

FIN DEL DRAMA.

francés por D. Joaquin Guillermo de Lima.—Actrices dos; actores seis.—8 rs.
VALERIANA, melodrama en un acto y en verso, arreglado del francés, por don Joaquin Guillermo de Lima.—Actrices tres; actores seis.—4 rs.
MATAR DOS PÁJAROS, zarzuela en un acto, original de D. José Segarra.—Actriz una; actor uno.—4 rs.
EL REY SE TRAGÓ LA PÍLDORA, zarzuela bufa en dos actos y en verso, original de los señores Somoza y San Martin.—Actrices dos; actores seis.—6 rs.
LA CAZA EN EL MOLINO, juguete lírico-cómico en un acto y en verso, original de D. J. G. de L. y M.—Actriz una; actores cinco.—4 rs.
LA CAPILLA DE MERLUZA, parodia en un acto y en verso, original de don Eduardo Montesinos.—Actriz una; actores cinco.—4 rs.
CANDIDEZ Y TRAVESURA, zarzuela en un acto y en prosa, por D. Gerónimo Moran.—Actrices tres; actores dos.—4 rs.
UN CLUB, disparate cómico-cantable en dos actos, originalidad de D. Joaquin Guillermo de Lima.—Actrices dos; actores seis.—6 rs.
TRES PERSONAS DISTINTAS Y UN SOLO AMOR VERDADERO, zarzuela en dos actos y en verso, original de D. Joaquin Guillermo de Lima.—Actrices dos; actores cuatro.
LA VIRGEN DEL PERDON, zarzuela en tres actos y en verso, arreglo de la ópera *Dinhorá*, por D. José Zorrilla.—Actrices cuatro, actores siete.—8 rs.
LAS CULPAS DE LOS PADRES, drama en tres actos y en verso, original de don José Zorrilla.—Actrices cinco, actores cinco.—8 rs.
VENGANZA DE AMOR, comedia original en tres actos.—8 rs.
LOS YERNOS DE D. SIMON, zarzuela en dos actos, arreglada del francés.—4 rs.
EL CASERO, escenas de la vida de alquiler, juguete cómico en un acto, en prosa y verso, original de D. Eduardo Saco.—Actrices dos; actores cuatro.—4 rs.
EL VERDUGO DE SÍ MISMO, drama en un acto y en verso, original de D. Angel Rodriguez Chaves.—Actrices una; actores tres.—4 rs.
EL CHALAN, zarzuela en un acto y en verso, original de D. Luis Blanc.—Actrices una; actores cinco.—4 rs.
Y otras varias, dramáticas y líricas.

LISTA DE LOS CORRESPONSALES DE PROVINCIAS.

Albacete, D. Críspulo Cid Lopez.
Alicante, D. José Conart.
Antequera, D. Francisco Espejo.
Almería, Sres. Alvarez hermanos.
Alcalá de Henares, D. Zacarías Bermejo.
Avilés, D. Maximiano Roman Alvarez.
Baeza, D. Casimiro Fernandez Almagro
Búrgos, D. Timoteo Arnaiz.
Bilbao, Sra. Viuda de Delmas.
Badajoz, D. Fermin Coronado Romero.
Barcelona, D. Isidro Cerdá.
Ciudad-Real, D. Perfecto Acosta.
Córdoba, D. Manuel García Lovera.
Cuenca, D. Manuel Mariana.
Cádiz, D. Manuel Morillas.
Coruña, D. José Lago.
Carmona, D. José M. de Eguiluz.
Cartagena, D. Francisco Vico.
Escorial, D. Sabas Herrero Castaño.
Ecija, Sra. Viuda de Geuli.
Figueras, D. Mariano Alegret Colom.
Ferrol, D. Nicasio Taxonera.
Gerona, D. Vicente Dorca.
Granada, D. José M. de Fuensalida.
Graus, D. Tomás Perales.
Gijon, D. N. Crespo y Cruz.
Guadalajara, D. Rafael Onana Medrano
Huesca, D. Raimundo Guillen.
Jerez de la Frontera, D. José Ruano.
Jaca, D. Miguel Berbiela.
Logroño, D. Plácido Brieba.
Lucena, D. Juan Bautista Cabeza.
Lisboa, D. Miguel Mora.
Lugo, Sra. Viuda de Pujol y hermano.
Málaga, D. Francisco de Moya.
Id. D. José García Taboada.
Monzon, D. Manuel Castro.
Murcia, D. Anselmo Arques.
Mataró, D. Narciso Clavell.
Oviedo, D. Juan Marttinez.
Ocaña, D. Vicente Calvillo.
Orense, D. José Ramon Perez.
Pontevedra, D. F. Bucceta Salla y C
Palma de Mallorca, D. José Gilaber
Ronda, D. Juan José Moreti.
Reus, D. Juan Bautista Vidal.
Rio-seco, D. Marcelo Prádanos.
Santa Cruz de Tenerife, D. Felipe guel Poggí.
Soria, D. Francisco P. Rioja.
Sanlúcar de Barrameda, D. Inoce de Oña.
San Sebastian, D. Antonio Garaldo
San Fernando, D. José Gay.
Santiago, D. Bernardo Escribano.
Salamanca, D. Rafael Huebra.
Sevilla, Sres. hijos de Fé.
Teruel, D. Francisco Baquedano.
Tuy, D. Enrique Cruz.
Talavera de la Reina, D. Angel San de Castro.
Tarazona, D. Pedro Veraton.
Ubeda, D. Tomás Perez.
Vitoria, D. Justo Oquendo.
Velez-Málaga, D. Leandro Perez Ma
Valencia, D. Francisco de Paula varro.
Valladolid, D.ª Adelaida Herrainz, da de Jóve.
Vigo, D. Manuel Fernandez Dios.
Wich, D. Juan Soler y C.ª
Zaragoza, D.ª Petra Heredia.
Zafra, D. Andrés Baroma.
Zamora, D. Valentin Fuertes Yañe

EN MADRID, Casa del editor, calle de Hortaleza, núm. 5, piso segund a izquierda, y en la librería de San Martin, Puerta del Sol, núm. 6.

LIMA.

GA[illegible]RICO DRAMÁTICA

J. L.

MADRID:—1873.
IMPRENTA Á CARGO DE J. J. DE LAS HERAS,
Calle de San Gregorio, 5.

CPSIA information can be obtained
at www.ICGtesting.com
Printed in the USA
BVHW04*1054170918
527708BV00015B/2226/P

9 780428 592417